# Los pavos

## Animales en la granja

Aaron Carr

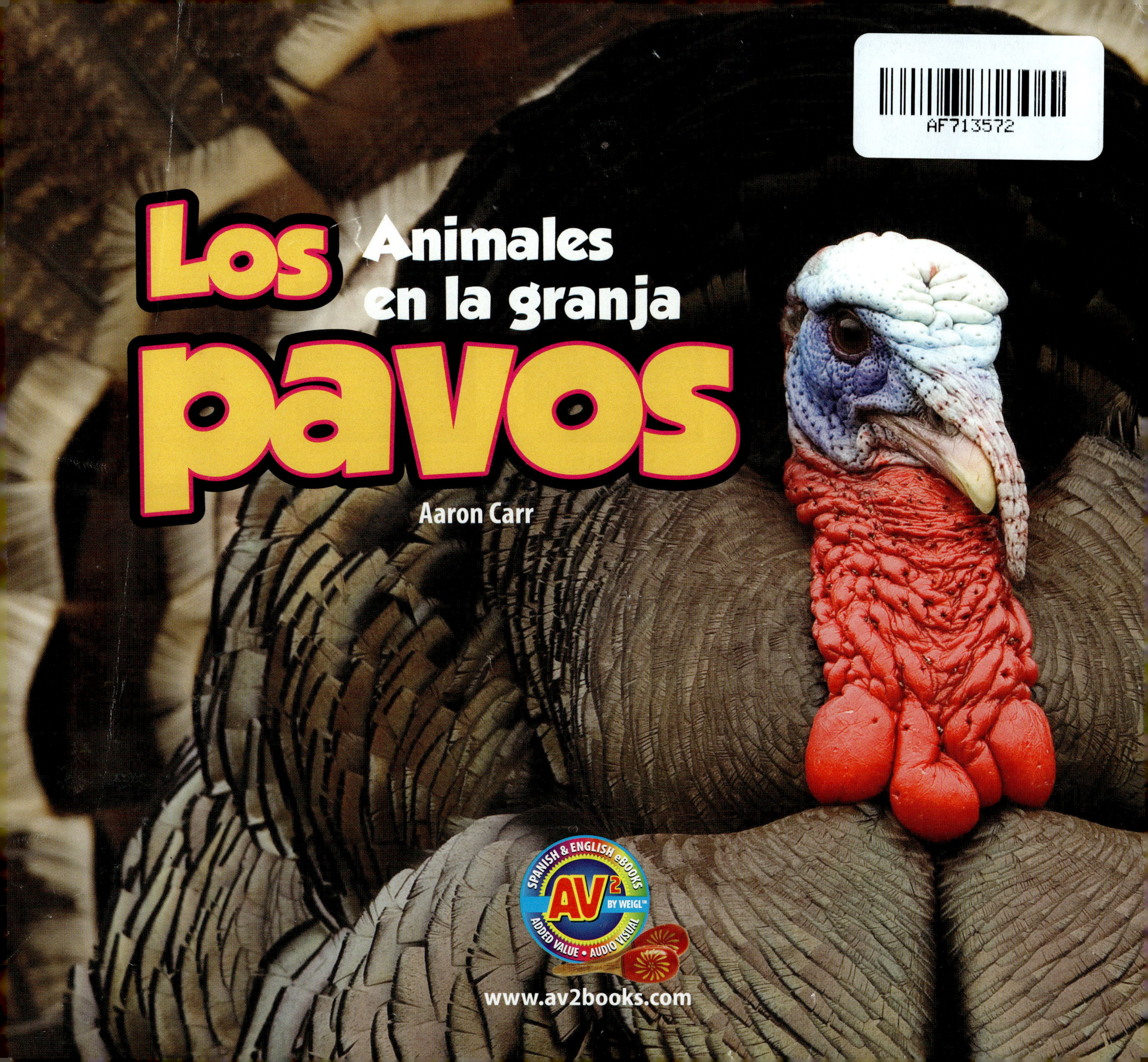

SPANISH & ENGLISH eBOOKS
AV² BY WEIGL™
ADDED VALUE • AUDIO VISUAL
www.av2books.com

Visita nuestro sitio **www.av2books.com** e ingresa el código único del libro.
Go to www.av2books.com, and enter this book's unique code.

**CÓDIGO DEL LIBRO**
BOOK CODE

**U22166**

**AV² de Weigl te ofrece enriquecidos libros electrónicos que favorecen el aprendizaje activo.**
AV² by Weigl brings you media enhanced books that support active learning.

**El enriquecido libro electrónico AV² te ofrece una experiencia bilingüe completa entre el inglés y el español para aprender el vocabulario de los dos idiomas.**
This AV² media enhanced book gives you a fully bilingual experience between English and Spanish to learn the vocabulary of both languages.

**Spanish**

**English**

## Navegación bilingüe AV²
AV² Bilingual Navigation

# Los pavos

## Animales en la granja

## CONTENTIDO

Soy un animal de granja pequeño. Los granjeros me crían como alimento.

**Soy un ave. Mi cuerpo está cubierto de plumas.**

**Tengo alas pero no puedo volar.Uso mis dos patas para caminar y correr en su lugar.**

Tengo piel roja sobre mi frente y mi pico. Esta piel es denominada carúncula nasal.

Me gusta comer semillas e insectos. A veces, incluso como pequeñas lagartijas.

**Emito un sonido de chasquido para comunicarme con otros pavos. Los machos "graznan".**

Me gusta vivir
con otros pavos.
Un grupo de pavos
se llama bandada.

Mis bebés nacen
de estos huevos.

Los pavos bebés se llaman pavipollos. Los pavipollos suelen permanecer juntos para mantenerse seguros y cálidos.

# DATOS DEL PAVO

Estas páginas proveen información detallada que amplía los datos interesantes que se encuentran en el libro. Estas páginas están destinadas a ser utilizadas por adultos para ayudar a los jóvenes lectores con sus conocimientos de cada animal maravilloso presentado en la serie *Animales en la granja*.

**Páginas 4–5**

**Los granjeros crían a los pavos por sus plumas y su carne.** Los pavos que son criados por su carne, se denominan aves de corral. El pavo es la única ave de corral nativa de Norteamérica. Los pavos de corral crecen hasta 50 pulgadas (130 centímetros) de largo y pesan hasta 22 libras (10 kilogramos).

**Páginas 6–7**

**Los pavos son aves.** Hay dos tipos de pavo. Los pavos comunes son criados como alimento, mientras que los salvajes viven en la naturaleza. Los pavos comunes son más grandes que los salvajes y tienen diferentes diseños de pluma. El pavo más grande registrado pesaba 86 libras (39 kilogramos). Los pavos salvajes viven en bosques frondosos y áreas cubiertas de hierbas.

**Páginas 8–9**

**Los pavos tienen alas pero no pueden volar.** Los pavos comunes que se crían en las granjas son demasiado pesados para volar. Se los cría para que crezcan a grandes tamaños antes de ser vendidos por su carne. Los pavos salvajes son lo suficientemente pequeños como para volar distancias cortas. Pueden volar a velocidades de hasta 55 millas (89 kilómetros) por hora por aproximadamente un cuarto de milla (0,4 kilómetros).

**Páginas 10–11**

**Los pavos tienen una piel roja sobre su frente y su pico que se llama carúncula nasal.** Una piel más colorida, denominada moco de pavo, cuelga debajo de la garganta del pavo. La carúncula y el moco de pavo se llenan con sangre resultando en un color rojo vivo. Esto ayuda a atraer parejas. Cuando los pavos se asustan, la carúncula y el moco de pavo pueden volverse azules. La carúncula y el moco de pavo se tornan pálidos cuando los pavos están enfermos.

Páginas
12–13

**Los pavos comen semillas e insectos.** Los pavos son omnívoros. Esto significa que comen plantas y animales. En las granjas, usualmente se alimenta a los pavos con una mezcla de semillas y granos. En la naturaleza los pavos también comen frutos, insectos e incluso pequeños reptiles o anfibios como salamandras.

Páginas
14–15

**Los pavos se comunican realizando diferentes tipos de sonidos.** Las hembras se denominan pavas. Emiten un sonido de chasquido. A los machos se los denomina simplemente pavos. Emiten un sonido llamado "graznido". Este sonido se puede escuchar hasta 1 milla (1,6 km) de distancia. Los machos usualmente graznan cuando escuchan ruidos fuertes y antes de irse a dormir por la noche.

Páginas
16–17

**A los pavos les gusta vivir con otros pavos.** A la mayoría de los pavos se los mantiene en graneros especiales para protegerlos de predadores y condiciones climáticas severas. En la naturaleza, los pavos viven juntos en un grupo llamado bandada. En la bandada, las hembras y los pavos jóvenes permanecen juntos en un grupo, mientras que los machos se reúnen en otro grupo.

Páginas
18–19

**Los pavos ponen huevos. Sus bebés nacen de estos huevos.** Las hembras ponen entre 4 y 17 huevos por vez. Se sientan sobre todos los huevos para mantenerlos cálidos hasta que eclosionan. Sin embargo, en la mayoría de las granjas de pavos, los huevos se mantienen en un lugar especial denominado incubadora. Los huevos de los pavos eclosionan aproximadamente 28 días luego de ser puestos.

Páginas
20–21

**Los pavos bebés se llaman pavipollos.** Las primeras cinco semanas de la vida de los pavipollos se denomina etapa de incubación. Durante este tiempo, los granjeros observan atentamente a los pavipollos para asegurarse de que estén cálidos y bien alimentados. En las granjas, los pavipollos suelen ser criados para que se desarrollen por completo en aproximadamente 20 semanas. Comen más de 65 libras (30 kg) de alimento durante ese momento.

# ¡Visita www.av2books.com para disfrutar de tu libro interactivo de inglés y español!

Check out www.av2books.com for your interactive English and Spanish ebook!

1. **Entra en www.av2books.com**
   **Go to www.av2books.com**
2. **Ingresa tu código**
   **Enter book code**

   **U22166**
3. **¡Alimenta tu imaginación en línea!**
   **Fuel your imagination online!**

**www.av2books.com**


Published by AV² by Weigl
350 5th Avenue, 59th Floor New York, NY 10118
Website: www.av2books.com www.weigl.com





Library of Congress Control Number: 2014932705

ISBN 978-1-4896-2057-6 (hardcover)
ISBN 978-1-4896-2058-3 (single-user eBook)
ISBN 978-1-4896-2059-0 (multi-user eBook)

Printed in the United States of America in North Mankato, Minnesota
1 2 3 4 5 6 7 8 9 0 18 17 16 15 14

032014
WEP280314

Project Coordinator: Jared Siemens
Spanish Editor: Translation Cloud LLC
Art Director: Terry Paulhus

Every reasonable effort has been made to trace ownership and to obtain permission to reprint copyright material. The publishers would be pleased to have any errors or omissions brought to their attention so that they may be corrected in subsequent printings.

Weigl acknowledges Getty Images as the primary image supplier for this title.